FSK18: PornNet 2.1

Anonym auf Porno- und illegalen Seiten surfen

D1731527

3. Auflage vom Februar 2018

Einleitung

Haben Sie sich schon immer gefragt, wie Ihre Kumpels es schaffen, sich gigabyteweise Pornos, Filme oder Serien aus dem Internet zu laden? Weil alles, was Sie selbst finden, nur unbrauchbares Zeug ist? Mit diesem Handbuch zeige ich Ihnen, wie es geht. Ich erkläre Ihnen Verfahrensweise, die nötigen Programme, die Suche bei Google. Außerdem zeige ich Ihnen, wie Sie die gefundenen Videos und Bilder dauerhaft auf Ihre Festplatte bekommen. Alles Schritt für Schritt erklärt. Einfach und verständlich!

Ich habe für dieses Buch einiges an Kritik einstecken müssen, doch ich bin der Meinung, dass in einer aufgeschlossenen Gesellschaft auch solche Themen beschrieben werden dürfen, die allgemein als „**Tabuthema**" gelten und nur hinter vorgehaltener Hand diskutiert werden. In meinem Kundenkreis bekomme ich immer wieder die Frage gestellt, wie und vor allem wo man **Filme** findet, wie man diese **speichert** und **archiviert**. Auch zeigen die Verkaufszahlen, dass durchaus ein Bedarf an eine rsolchen Anleitung besteht.

Dieses Buch ist nicht für Anfänger gemacht! Sollten Sie einer sein, werden Sie bei vielen Kapiteln oder Begriffen nicht viel verstehen. Ich kann aber, beim besten Willen, nicht auf diese Begriffe eingehen, das würde den Rahmen dieses Buches komplett sprengen. Also kämpfen Sie sich gerne durch. Sie finden in den Fußnoten Links zu den wichtigsten Begriffen, die in diesem Buch verwendet werden.

Ihr Gerd Höller
Niederstetten, Februar 2018

Wichtige Hinweise, bitte lesen!

Strafbare Handlungen

Sie machen sich strafbar, wenn Sie Inhalte aus dem Internet herunterladen oder streamen (anschauen), die dort illegal angeboten werden. Sie können davon ausgehen, dass Inhalte, die Ihnen kostenlos auf einer Webseite angeboten werden, für die Sie ansonsten aber etwas bezahlen müssten, illegal sind. Dies gilt für Pornos ganz genauso wie für Kinofilme, Spiele oder Musik. Wenn Sie solche Inhalte herunterladen und auf Ihrem Computer speichern, machen Sie sich der Urheberrechtsverletzung strafbar, da Sie diese Inhalte nicht bezahlt haben. Dies gilt auch, wenn Sie sich einen Account bei einem s. g. **Filehoster**[1] gekauft haben, um z. B. eine IP-Sperre oder Downloadbegrenzungen zu umgehen. Mit Sicherheit hat weder der **Filehoster** noch der **Uploader**[2] die Rechte an den zur Verfügung gestellten Inhalten. Die Anweisungen in diesem Buch sollen lediglich exemplarisch darstellen, welche Verfahren man anwenden müsste, wenn man nach solchen Inhalten sucht, und stellt auf keinen Fall eine Aufforderung dar, diese Verfahren durchzuführen. Ich weise ausdrücklich und nochmals darauf hin:

Beim Herunterladen oder Streamen von Inhalten, an denen der Webseitenbetreiber (Anbieter) keine Rechte hat, machen Sie sich strafbar!

---

[1] https://de.wikipedia.org/wiki/Filehosting
[2] https://de.wikipedia.org/wiki/Upload

Verseuchte Seiten!

Sie können sich auf der „dunklen Seite" des Internets jede Menge **Viren, Schadprogramme, Trojaner** und sonstiges unnötiges Zeugs einfangen. Ich beschreibe in diesem Buch zwar, wie Sie Ihren Rechner relativ sicher machen können, der größte Fehler aber, Sie mögen mir die Anspielung verzeihen, sitzt 50 cm **vor dem Bildschirm**! Achten Sie deshalb sehr genau darauf, wo Sie hinklicken! Nicht alles, was Sie auf diesen Seiten angeboten bekommen, führt wirklich zum Ziel.

Ich übernehme keinerlei, wie auch immer geartete Haftung, wenn Sie sich Ihren Computer verseuchen!

Natürlich übernehme ich auch keinerlei Haftung für dabei verlorene Datcien. Sie sollten Ihre Daten regelmäßig auf eine **externe Festplatte** sichern.

Downloadfallen

Wenn Sie auf illegalen Seiten unterwegs sind, werden diverse Gauner versuchen, Ihnen eigene Programme unterzujubeln. Dies geschieht mit recht einfachen Tricks. Dort steht dann z.B. : **„Diese Webseite funktioniert nur mir dem neuesten FLASH-Player[3]. Laden Sie diesen hier herunter!"** oder **„Sie verwenden einen alten Browser[4]. Laden Sie den neuesten Browser hier herunter!"**

---

[3] https://de.wikipedia.org/wiki/Adobe_Flash
[4] https://de.wikipedia.org/wiki/Webbrowser

Ihnen sollte schon klar sein, dass Sie dann alles herunterladen, aber mit Sicherheit nicht den neuesten Flashplayer oder den aktuellen Internetbrowser. **Fallen Sie auf solche Sätze nicht herein.** Diese Programme sollten Sie nicht direkt von einer Pornoseite installieren, sondern vom entsprechenden Anbieter.

Minderjährige vor Zugriff schützen!

Schützen Sie Ihre minderjährigen Kinder vor den Inhalten, die Sie mithilfe dieses Buches suchen möchten. Achten Sie darauf, dass Ihre Kinder, wenn Sie am gleichen Computer arbeiten, nicht zufällig auf Ihre gespeicherten Webseiten stoßen. Dies ist, mit Hilfe des **Firefox**[5], sehr einfach zu realisieren. Diesen minimalen Mehraufwand sollten Sie, im Interesse Ihre Kinder, durchaus in Kauf nehmen.

Kinderpornografie!

Vorsicht vor Seiten mit angeblicher oder wirklicher Kinderpornografie. Sie machen sich bereits strafbar, wenn Sie auf eine **Vorschauseite** (s.g. **Thumbnails**[6]) gelangen, auf der die **Vorschaubilder** sexuelle Handlungen mit augenscheinlich (und natürlich auch tatsächlichen) minderjährigen Akteuren zeigt. Bereits diese Seite, mit allen Bildern, landet im **Cache**[7] (temporärer Speicher) Ihres Browsers und **wird dort gespeichert**! Dies können Sie sehr leicht selbst überprüfen, in dem Sie z.B. *about:cache* in die URL-Zeile des Firefox eingeben:

---

[5] https://www.mozilla.org/de/firefox/new/
[6] https://de.wikipedia.org/wiki/Vorschaubild
[7]https://de.wikipedia.org/wiki/Browser-Cache

Dort lassen sich dann alle gespeicherten Seiten und Bilder aus dem Zwischenspeicher des Browsers auslesen:

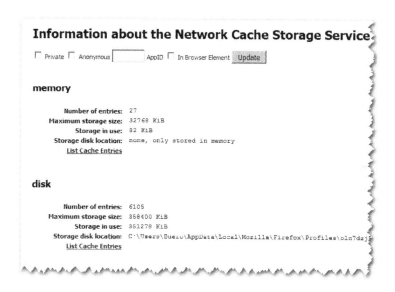

Bereits der Besitz eines solchen Bildes, und sei es noch so klein, ist eine strafbare Handlung und kann mit Geldstrafe und Gefängnis geahndet und menschliche Verachtung der eigenen Familie, der Verwandtschaft und des Freundeskreises nach sich ziehen, wenn es zu einer Anzeige kommen sollte.

Wenn Sie intensiv nach pornografischen Inhalten suchen, werden Sie früher oder später unweigerlich auf solche Seiten stoßen. Leider gibt es völlig perverse und absolut skrupellose Webmaster, die mit solchen Vorschauseiten, auf denen kinderpornografische Bilder abgebildet sind, interessierte oder auch neugierige Besucher auf Webseiten locken, auf denen es dann meistens keine solchen Bilder mehr zu sehen gibt, sondern ganz normaler Porno. Sollten Sie tatsächlich auf eine solche Seite stoßen, scheuen Sie sich nicht und melden Sie den Link dieser Seite an:

info@bka.de

Benutzen Sie dazu **eine anonyme E-Mail-Adresse**. Das BKA ist über jeden Hinweis dankbar!

Torrent- oder P2P-Netzwerke[8]

Von dieser Technik und den dafür benutzen Programmen (z.B. PopcornTime) kann ich nur abraten, wenn Sie nicht die Möglichkeit haben, **Ihre IP[9] entsprechend zu verschleiern**. Alle Computer, die an einem **P2P**[10]-Download teilnehmen, werden im s. g. **Schwarm** aufgeführt. Der Schwarm ist die Summe aller **Leecher**[11] (diese Laden die Dateien herunter) und **Seeder** (bieten Dateien zum Herunterladen an). Nun ist es aber so, dass auch der Leecher die bereits heruntergeladenen Teilstücke der Datei ebenfalls zum Herunterladen bereitstellen, das ist in der EU verboten!

**Bereits das Anbieten von Teilen einer illegalen
Datei ist in der EU verboten!**

---

[8] https://de.wikipedia.org/wiki/Torrent

[9] https://de.wikipedia.org/wiki/IP-Adresse

[10] https://de.wikipedia.org/wiki/Peer-to-Peer

[11] https://de.wikipedia.org/wiki/Leechen

Jeder Computer wird mit seiner IP-Adresse im Schwarm aufgeführt. Dies ist für alle, die am Download teilnehmen, sichtbar.

Lassen Sie die Finger davon!

Kann ich erwischt werden?

Selbstverständlich können Sie beim Downloaden von illegalen Inhalten erwischt werden. Das Beispiel der Webseite **kino.to** zeigt deutlich, dass die Ermittler durchaus fähig und in der Lage sind, selbst anonym ins Netz gestellte Webseiten und deren Hintermänner aufzuspüren und zu verhaften. Da tut es auch nichts zur Sache, dass die gleiche Seite, nur unter einer anderen Domain, bereits ein paar Tage nach der Schließung wieder online war. Mit allen Inhalten, und das sind u.a. mehr als 15.000 komplette Spielfilme. Sie können die Möglichkeit des Erwischtwerdens aber auf ein Minimum reduzieren. Dazu sind nicht einmal so komplizierte Maßnahmen nötig.

Die Frage ist immer, ob der Aufwand für die Ermittler das Ergebnis lohnt. Wenn Sie ein **Uploader** sind, der in Dutzenden von **Tauschbörsen**[12] seine **Downloads** anbietet, ist die Gefahr, in das Visier der Onlinefahnder zu gelangen, schon relativ groß. Diese schreiben dann auch **Filehoster** im Ausland an und/oder bitten um länderübergreifende Unterstützung. Das dauert dann zwar seine Zeit, da bekommen Sie als Uploader aber nichts von mit, und wenn Sie z.B. beim Filehoster an einer Umsatzbeteiligung Geld verdienen,

---

[12] https://de.wikipedia.org/wiki/Tauschbörse

dann wollen Sie sich das ja irgendwann auch auszahlen lassen. Und schwupp, sind Sie der Fisch!

IP verschleiern

Verschleiern Sie, mit einem dafür geeigneten Programm (oder über eine entsprechende Webseite), Ihre IP-Adresse. Dafür stehen Ihnen verschiedene Programme und Dienste im Internet bereit. In diesem Buch möchte ich Ihnen den Dienst **CyberGhost**[13], die Erweiterung (App oder Plugin für Browser) **ZenMate**[14] und das **TOR-Netzwerk**[15] näherbringen und erklären.

E-Mail-Dienste

Sollte es sich um ein Forum oder einen Blog handeln, bei dem Sie sich anmelden müssen und/oder Kommentare hinterlassen wollen, verwenden Sie eine **anonyme, unverfängliche E-Mail-Adresse**. Nur wenn das Forum beim Anmeldevorgang diese Mailadresse ablehnt, nehmen Sie eine andere. Sie können sich auch bei **Web.de**, **GMX**, **Yahoo** oder **Google** eine E-Mail-Adresse anlegen. Benutzen Sie beim Ausfüllen des Anmeldeformulares **komplett falsche Angaben,** das wird von den Diensten nicht überprüft! **Verschleiern Sie dabei immer Ihre IP-Adresse durch entsprechende Maßnahmen** (geht am einfachsten mit **ZenMate**). Rufen Sie diese Emails **ausschließlich online** ab (also nicht offline mit Thunderbird oder Outlook) und verschleiern Sie Ihre IP, wenn Sie das Postfach aufrufen.

---

[13] http://amzn.to/2oOhcKd
[14] https://goo.gl/qHGMRb
[15] https://de.wikipedia.org/wiki/Tor_(Netzwerk)

Social traces

Hinterlassen Sie niemals persönliche Informationen auf Webseiten, von der Sie illegale Inhalte herunterladen. Lügen Sie, was das Zeug hält. Verändern Sie Ihr Geschlecht, den Wohnort, das Geburtsdatum, usw. Wenn Ihnen nichts Passendes einfällt, dann überlassen Sie dieser Webseite das Erfinden eines virtuellen Besuchers:

http://de.fakenamegenerator.com/

Es ist absolut nicht verboten, sich im Internet eine anonyme Identität mit vollkommen erfunden Daten zu erstellen. Sie dürfen diese Accounts nur nicht für Straftaten verwenden. Es wäre z. B. schon eine Straftat, wenn Sie mit dieser Identität einen anderen Menschen im Internet beleidigen oder verleumden. Sagen Sie nicht, ich hätte Sie nicht gewarnt!

Programme und Add-ons brauchen Sie!

Die Liste der Programme, die Sie für eine erfolgreiche Suche nach Porno im Internet benötigen, ist lang. Doch lassen Sie sich nicht abschrecken, ich werde all diese Programme, zumindest in den Grundfunktionen, erklären.

- **Firefox** (Browser)
- **7-Zip** (Packprogramm)
- **Malwarebytes** (guter Vireschutz)
- **Cyberghost** (IP anonymisieren)
- **JDownloader** (gutes Downloadprogramm)
- **Offline Explorer** (geniales Downloadtool)
- **VLC-Player** (kostenloser Videoplayer)

Als Add-ons, für den Browser Firefox brauchen Sie:

- **LinkGopher**
- **NoScript**
- **ZenMate**
- **WebRTC Control**
- **Adblock Plus**

Der Browser Firefox

https://www.mozilla.org/de/

Laden Sie sich von dieser Webseite den aktuellen Browser **Firefox** herunter. Danach klicken Sie sich durch die Installation. Da können Sie nichts falsch machen. Wenn Sie bereits Lesezeichen aus einem anderen Browser übernehmen möchten, bietet Ihnen Firefox eine entsprechende Funktion an

Starten Sie den Firefox und ich zeige Ihnen nun erste Einstellungen, die Sie zunächst durchführen sollten:

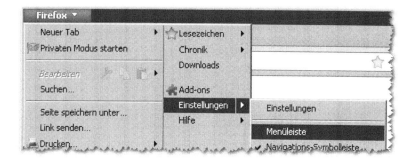

Klicken Sie oben links auf das orange hinterlegte **Firefox**. Wählen Sie dort **Einstellungen / Menüleiste** aus. Alternative können Sie mit der **rechten Maustaste** neben das erste **TAB** klicken. Dadurch wird **das normale Menü** wieder eingeschaltet:

Platz für Ihre Notizen

Add-ons installieren

Starten Sie den Browser Firefox. Klicken Sie auf das Icon für das **Menü**: ≡. Klicken Sie dort auf **Add-ons**: 🧩. Rechts oben sehen Sie nun das Feld **Add-ons durchsuchen**:

Geben Sie jeweils den Namen des Add-ons in das Suchfeld ein und klicken Sie danach auf **Zu Firefox hinzufügen**. Folgen Sie dann den weiteren Anweisungen. Sie können mehrere Add-ons hintereinander installieren und zum Abschluss den Browser neu starten:

NoScript

ZenMate

WebRTC Control

AdBlock Plus

Rufen Sie den **Add-ons Manager** mit **Extras / Add-ons** auf. Dort sollten Sie nun folgendes sehen:

- ❑ NoScript
- ❑ ZenMate
- ❑ WebRTC Control
- ❑ Adblock Plus

Selbstverständlich gibt es wesentlich mehr Add-ons für den Firefox, die Ihnen beim Durchsuchen des Internets behilflich sein können. Für unsere Zwecke sollen diese aber ausreichen. Was den Firefox angeht, wären wir zunächst durch. Die Funktionen der Add-ons werden im Laufe des Buches genauer erklärt. Wenden wir uns nun der Aufgabe zu, Ihren Computer etwas sicherer zu machen und Ihre Identität zu verschleiern.

Kostenlose Sicherheitsprogramme

Virenscanner

Sollten Sie tatsächlich zu den 30% der Anwender gehören, die noch keinen Virenscanner installiert haben, entweder aus Unwissenheit oder weil Sie sagen „Ich besuche keine Seiten und installiere keine Programme, die mir einen Computervirus unterschieben könnten", sollten Sie dies jetzt nachholen. Ich kann Ihnen diese Virenscanner empfehlen. Welchen Sie nun nehmen, liegt alleine in Ihrem eigenen Ermessen. Nehmen Sie auf keinen Fall mehrere, das funktioniert nicht:

AVG   *http://www.avg.com/de-de/*
Avast: *http://www.avast.com*
AntiVir: *http://www.freeav.de*

Wenn Sie eines der Programme installiert haben, machen Sie ein Update der Virendatenbank und starten Sie Ihren Rechner neu. Das Programm macht mit einem Icon rechts unten neben der Uhr auf sich aufmerksam.

Malwarebytes

http://www.malwarebytes.org

Ein preisgünstiges und ausgezeichnetes Programm, um Ihren Rechner nach **Schadprogrammen**[16], **Trojanern**[17], **Malware**, **Viren** und sonstigem Kroppzeugs abzusuchen. In der

---

[16] https://de.wikipedia.org/wiki/Schadprogramm
[17] https://de.wikipedia.org/wiki/Trojaner

kostenlosen Version fehlt lediglich der **Echtzeitschutz**, aber das lässt sich verkraften. Starten Sie einfach alle paar Tage den Scanner von Hand. Ich empfehle Ihnen aber, die knapp 40 Euro zu investieren. Wenn Sie das Programm heruntergeladen und installiert haben, lassen Sie im Abschlussdialog die beiden Häkchen aktiv. Dadurch wird die Datenbank aktualisiert und das Programm gestartet. Führen Sie zur Sicherheit einen **Bedrohung - Scan** durch:

Dieses Programm hat eine sehr gute Erfolgsrate beim Auffinden von unerwünschten Programmen auf Ihrem Rechner. Es findet selbst den gefährlichen ZEUS-Trojaner, bei dem andere Scanner oft versagen.

Wichtiger Hinweis:

Wenn Sie nach einem kostenlosen Programm suchen, ist es absolut nicht notwendig, seine Adresse auf der entsprechenden Webseite einzugeben! Kein seriöser Programmierer wird das von Ihnen verlangen! Das Programm **7-Zip** wird z.B. auf solchen dubiosen Webseiten angeboten, doch diese wollen nur Ihre Adresse, damit sie Ihnen ein Abo unterjubeln können! Geben Sie niemals, wirklich niemals Ihre echte Adresse auf solchen Webseiten ein, wenn Sie nur ein kostenloses Programm oder z. B. einen Treiber herunterladen möchten. Wenn dies doch verlangt wird, geben Sie irgendeinen Müll ein (das wird nicht kontrolliert) und Ihre Fakeadresse, über die Sie nicht gefunden werden können.

Sind Sie nun sicher?

Das kann ich nicht beurteilen, denn das hängt einzige und alleine von Ihrem Verhalten ab. Ich übernehme keinerlei Haftung irgendwelcher Art, wenn Sie sich etwas einfangen, dabei ein Abo abschließen, oder gar Daten verlieren. Sie müssen selbst wissen, wo Sie hinklicken und wo eben nicht!

Platz für Ihre Notizen

Weitere Programme

Nachdem ich Ihnen in den letzten Kapiteln zunächst die wichtigsten Add-ons für den Firefox und danach wichtige Schritte zur Absicherung Ihres Computers nähergebracht habe, sind nun Programme dran, die Ihnen das Downloaden der gefundenen Videos oder Bilder erleichtern sollen. Auch diese Programme sind, bis auf eine Ausnahme, kostenlos erhältlich!

7-ZIP

http://www.7-zip.org/

7-Zip ist ein kleiner, kostenloser Packer, der sich in Windows7 integriert und sehr einfach zu bedienen ist. Sie benötigen einen Packer, da fast alles, was Sie im Internet herunterladen möchten, mit einem solchen Programm **gepackt** (verkleinert) wurde und z. T. auch mit einem Passwort versehen ist.

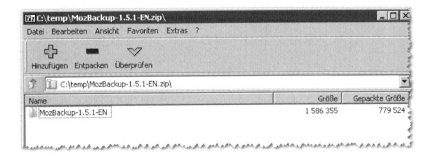

Das Programm funktioniert sehr einfach. Gepackte Programme erkennen Sie entweder an der Dateierweiterung oder am Programmicon. Klicken Sie ein solches Programm mit der rechten Maustaste an und wählen Sie aus dem Popup-Menü aus. Wenn Sie über Windows7 verfügen, können Sie das System zum Entpacken benutzen:

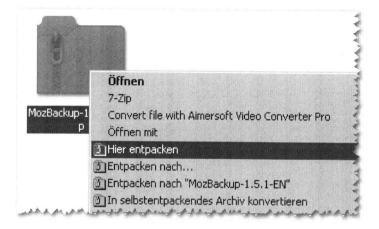

Es gibt allerdings Packformate, die Windows7 noch nicht kann, z.B. **RAR**. Um ein solches **Archiv** zu entpacken, benutzen Sie 7-Zip:

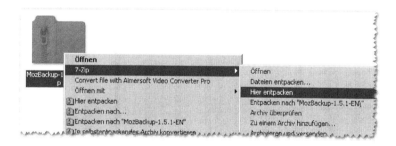

JDownloader

Das ist eines der besten Downloader, die ich kenne. Sie werden auch nicht um ihn herum kommen, denn viele Uploader (das sind die Leute, die die Videos ins Netz setzen), geben keine Links zu den Videos mehr raus, sondern s. g. **Container-Dateien**, deren Inhalt Sie nur mit dem **JDownloader** herunterladen können.

https://goo.gl/SQAScp

Laden Sie das Programm von der Originalseite, wird Ihnen ein mit **Malware** versuchter Download angeboten. Sollte der Link oben nicht mehr funktionieren, achten Sie beim Original auf **Benutzerdefinierte Installation** oder ähnliches und klicken Sie die dort angezeigten Webseite und Programme **unbedingt weg**, sie fangen sich sonst was ein!

Bei dem Link oben klicken Sie auf das Betriebssystem, welches Sie benutzen. Auch dies ist ein **WebInstaller** (die Routinen des Programms werden erst nachgeladen), aber eben **ohne Verseuchung**! Installieren Sie das Programm.

Nachdem Sie den **JDownloader** gestartet haben, meldet sich dieser bereits in deutscher Sprache. Sollte dies nicht der Fall sein, führen Sie folgende Schritte aus:

- ☐ **Menü Setting**
- ☐ **Settings**
- ☐ **User Interface** (Icon auf der linken Seite)
- ☐ **Language** (German auswählen)

Das Programm verlangt dann einen Neustart!

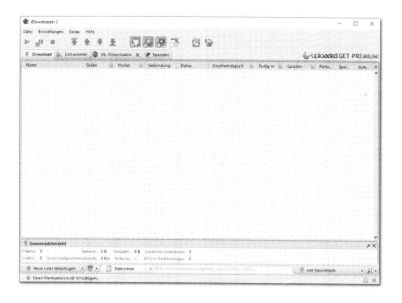

Nach dem ersten Start wird der **JD** sofort nach Updates suchen und dies auch anzeigen. Führen Sie diese Updates immer durch, sonst wird die korrekte Funktion von **JD** nicht gewährleistet.

Dowloadverzeichnis einstellen

Gehen Sie nochmals auf **Einstellungen** und dort wieder auf **Einstellungen.** Klicken Sie auf **Allgemein.** Unter **Downloadverzeichnis** stellen Sie ein Verzeichnis ein, in welches das Programm die Downloads speichern soll.

Zum Abschluss stellen Sie unter **Downloadverwaltung** die Anzahl **Max. gleichzeitige Downloads** auf den Wert **5** ein. **Keine Begrenzung** (der Wert **0**) wäre nur dann sinnvoll, wenn Sie mindesten über DSL 50.000 verfügen. **Max. Verbindungen pro Downloads** können Sie testweise hochsetzen, allerdings hat JDownload da in der Vergangenheit immer etwas zickig reagiert. Versuchen Sie es einfach!

Offline Explorer

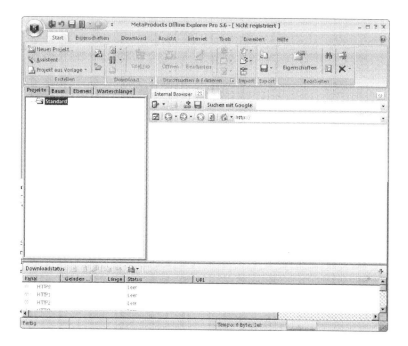

http://www.metaproducts.com/mp/offline_explorer.htm

Das ist das einzige Programm in der Liste, welches Sie nicht umsonst bekommen. Ich kann Ihnen dieses Programm aber wärmstens ans Herz legen. Der **Offline Explorer** ist in der Lage, die Inhalte kompletter Webseiten auf Ihren Rechner zu ziehen. Alle Bilder, alle Videos, alle MP3's, die auf der Webseite zur Verfügung stehen, landen so auf Ihrer eigenen Festplatte! Sie können sich eine Test-Version herunterladen und 30 Tage lang ausprobieren. Innerhalb dieser 30 Tage ist das Programm voll funktionsfähig.

VLC-Player

http://www.videolan.org/vlc/

Dieser Videoplayer zeichnet sich dadurch aus, das er nicht nur mit so ziemlich jedem Videoformat zurecht kommt, sondern auch beschädigte Videodateien abspielen kann, bei denen der Mediaplayer von Windows die Flügel strecken muss.

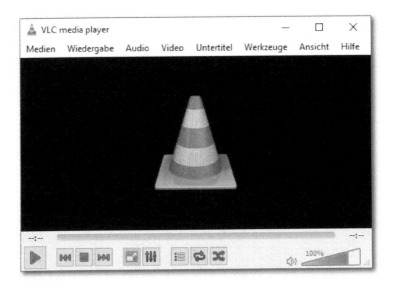

Erste Einstellungen erleichtern Ihnen den Umgang mit dem Programm. Klicken Sie auf **Werkzeuge / Einstellungen**.

Setzen Sie unter **Interface** bei **Nur eine Instanzen erlauben** ein Häkchen. Dies sorgt dafür, dass das Programm nicht mehrfach gestartet wird, wenn Sie mehrere Videos hintereinander anklicken.

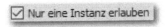

Entfernen Sie das Häkchen bei

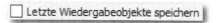

Damit wird verhindert, dass die angeschauten Videos in einer Liste gespeichert werden (Chronik). Muss ja niemand wissen, was Sie sich so reinziehen.

Im Bereich **Untertitel & OSD** (linke Leiste, der Dritte von unten, einfach draufklicken) machen Sie hier die Häkchen weg, das Einblenden dieser Informationen stört nur:

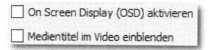

Klicken Sie nun auf das Icon **Hotkey**. Ganz unten finde Sie die Funktion **Steuerung über Mausrad-X-Taste**. Stellen Sie das auf

So können Sie sich mit dem Mausrad im Video vor- und zurück bewegen. Danach klicken Sie auf **Speichern**. Damit sind die wichtigsten Einstellungen für dieses Programm erledigt.

Der VLC-Player als Standardplayer (Windows 10)

Klicken Sie auf

- **Start / PC-Einstellungen / System / Standard-Apps**

Suchen Sie auf der rechten Seite nach **Videoplayer**. Dort ist der Windows Mediaplayer als Standard eingetragen:

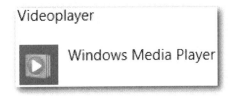

Klicken Sie darauf und wählen Sie aus dem Menü den VLC-Player aus:

Platz für Ihre Notizen

IP verschleiern und anonym surfen

Ich erzähle Ihnen sicher nichts Neues: Wenn Sie ins Internet gehen, hinterlassen Sie auf jeder Webseite, die Sie besuchen, manigfaltige Spuren. Angefangen von der IP-Adresse, die Sie von Ihrem Provider bekommen haben, bis zu jeder aufgerufenen Webseite. So kann es passieren, dass Sie sich in AMAZON einen Fernseher anschauen und diesen dann, nachdem Sie sich in Facebook eingeloggt haben, dort in der Werbung wieder sehen. Was für ein Zufall! Natürlich nicht.

Gängige Möglichkeit unerkannt zu bleiben

Ich selbst habe bereits einige Verfahren ausprobiert, wie ich diese Schnüffelei abstellen kann. Dies geschieht dabei entweder über Proxies, die man umständlich im eigenen Browser einstellen muss, über eine Software wie **TOR/Vadalia**, was für einen Laien fast unmöglich ist, über zu installierende Programme, die natürlich Geld kosten oder über Add-Ons, die in die diversen Browser installiert werden müssen.

Schneckentempo

Ich musste leider die Erfahrung machen, dass fast alle diese Möglichkeiten nicht das Gelbe vom Ei sind. Das größte Manko dabei ist die Geschwindigkeit bei Surfen, die man oftmals nicht mal mehr als Geschwindigkeit bezeichnen kann. Doch es geht auch anders, wie die nächste Möglichkeit zeigt. Doch zuerst möchte ich Ihnen ein weiteres Add-On für Firefox zeigen, mit dem Sie auch die IP verschleiern können.

... mit Zenmate

Eine andere Möglichkeit anonym im Internet unterwegs zu sein sind VPN-Dienste. Mit dieser Technik integrieren Sie den Dienst als Netzwerk in Ihr System und surfen so anonym:

https://goo.gl/qHGMRb

... mit CyberGhost

Auch hier handelt es sich um einen VPN-Dienst, mit dem Sie anonym durch das Internet surfen können. Bitte lesen Sie den kompletten Artikel und die Installationsanleitung auf meine Webseite unter:

http://amzn.to/2oOhcKd

... mit dem TOR-Browser

https://www.torproject.org/

Dies ist ein modifizierter Firefox-Browser, der Ihnen maximale Sicherheit verspricht. Vor dem Download benutzen Sie das Pulldown-Menü für **Deutsch**, bevor Sie auf Download klicken:

Nach der Installation starten Sie TOR und klicken im ersten Dialog auf **Verbinden**

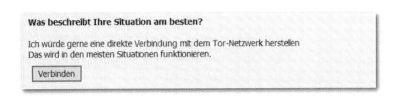

Der Browser wird gestartet und Sie sind sofort anonym im Internet unterwegs:

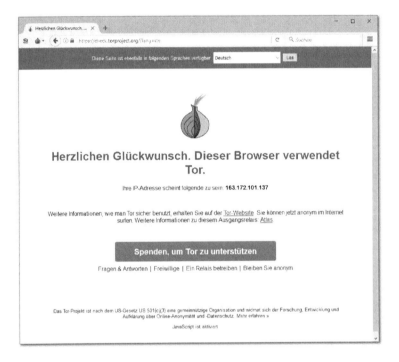

Wie Sie den TOR-Browser einstellen und bedienen entnehmen Sie bitte dem Internet.

WebRTC abschalten

Da kann man noch so vorsichtig sein und alle Möglichkeiten ausnutzen, um durch das Verwenden diverser Möglichkeiten seine IP im Netz zu verschleiern, wenn eine simple Funktion des Browsers, nämlich die **Web-Echtzeitkommunikation**[18], das alles zunichte macht. Diese Funktion sorgt dafür, dass einzelne Webanwendungen - und Browser sind nichts anderes - untereinander kommunizieren können. Dies geht aber nur mit einer IP2IP-Verbindung! WebRTC, so die Kurzform, ist in allen modernen Browsern fest eingebaut und lässt sich nur mit Hilfsmitteln abschalten. Das bedeutet, selbst wenn Sie mit geeigneten Mitteln Ihre IP verschleien, kann es möglich sein, dass die Funktion WebRTC im Browser Ihre echte IP überträgt. Dies können Sie aber einfach selbst prüfen. Rufen Sie folgende Webseite auf:

https://browserleaks.com/webrtc

Local IP Address	192.168.178.38
Public IP Address	46.5.186.220 Hide IP
IPv6 Address	? 2001:0:9d38:78cf:2080:2799:d1fa:4523
WebRTC Media Devices :	
Device Enumeration	✓ True
Has Microphone	✓ True
Has Camera	✓ True
Audio-Capture Permissions	?
Video-Capture Permissions	?

Sie sehen auf der Grafik meine echte IP-Adresse (**Public IP Adress**) obwohl ich mit **Zenmate** meine IP verschleiert hatte! Dies lag daran, weil ich WebRTC im Browser nicht ausgeschaltet hatte. Nun schalte ich die Funktion ab und siehe da, die IPs sind verschwunden. Jetzt bin ich anonym im Internet unterwegs!

---

[18] https://de.wikipedia.org/wiki/WebRTC

```
IP Address Detection :

Local IP Address        n/a

Public IP Address       n/a

IPv6 Address            n/a
```

Der Flash-Player von Adobe ist böse

Der Web-Player von Adobe ist nicht ohne Grund sehr um-
stritten, weil er immer wieder Schlagzeilen wegen gravie-
render Sicherheitsmängel machte. Er ist auch ein absoluter
Feind, wenn Sie wirklich anonym im Internet unterwegs
sein wollen. Denn er überträgt ebenfalls ihre echte, origina-
le IP-Adresse an den Server, den Sie gerade besuchen. Hier
hilft es nur, den Player gar nicht erst zu installieren oder
das Plugin schlicht abzuschalten. Leider benötigen viele
Webseiten, die Videos streamen (im Browser anzeigen) den
Flash-Player und haben Sie diesen deaktiviert oder nicht installiert, können Sie auf der entsprechenden Seite keine Videos anschauen. Im neuen HTML5-Standard, welches immer mehr moderne Webseiten verwenden, wird der Flash-
Player nicht mehr benötigt. Es ist Ihre eigene Entscheidung,
ob Sie das Risiko eingehen wollen, ich muss Ihnen aber sagen: Wenn Sie alle Maßnahmen zur Anonymisierung ge-
troffen haben, also per VPN surfen (mit Zenmate, CyberG-
host oder dem Tor-Browser), wenn Sie WebRTC abgeschal-
tet haben und dann trotzdem den Flash-Player benutzen,
der Ihre eigene IP übermittelt, dann kann ich Ihnen auch
nicht mehr helfen. Dann brauchen Sie den ganzen Maßnahmen nämlich gar nicht.

Sicherheit durch Anonymisierung

Ich will Ihnen da gar nichts vormachen, denn ich habe keine Ahnung, wie sicher diese Dienste wie Cyberghost oder Zenmate im Endeffekt wirklich sind. Die Sicherheit einer Anonymität liegt immer daran, durch wie viele anonymisierte Server Ihre Anfrage geleitet wird. Das bedeutet, je mehr Server Ihre Anfrage bearbeiten, um so sicherer ist Ihre Anonymität. Beim **Tor-Browser** sind dies in der Standard-Einstellung drei Server, was aber sehr zu Lasten der Geschwindigkeit geht. Wirklich Spaß macht das dann nicht mehr.

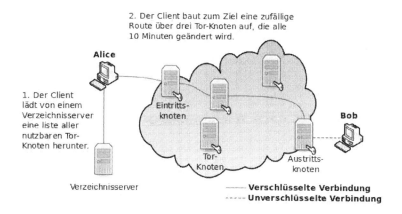

Ihre Daten sind, um das einfach zu erklären, nur sicher, wenn der **Eintrittsknoten nicht unter Bewachung steht**, denn dort melden Sie sich **mit ihrer richtigen IP-Adresse** an. Erst der **TOR-Knoten** (also der weitere Server) **kennt dann Ihre richtige IP-Adresse nicht mehr, weil diese vom Einstiegsknoten nicht weitergegeben wurde!**

Haben also Ermittlungsbehörden Zugriff auf den Einstiegs-Server, dann ist schon Schicht im Schacht! Ich weiß natürlich auch nicht, ob nicht der eine oder andere Anonymisierungsdienst nicht sogar von einer Behörde oder einem Geheimdienst ins Leben gerufen wurde. Möglich ist alles.

Anonymisierung ist nicht illegal

Um das klar zu stellen: Seinen Webaufenthalt zu anonymisieren ist keine strafbare Handlung! Weltweit werden diese Dienste auch von vielen Menschen benutzt, deren Identität unbedingt gewahrt bleiben muss, weil diese Leute in ihren Ländern sonst verfolgt, inhaftiert und sogar getötet werden. Diese Technik verführt leider aber auch viele Menschen dazu, ihre Aktivitäten im Internet zu verschleiern oder gar ganz ins Darknet anzutauchen. Aber selbst das schützt Sie nicht vor Strafverfolgung.

Was ist das Darknet?

Um es mit einfachen Worten zu erklären: Das **Darknet**[19] ist ein Bereich im Internet, den Sie unter „normalen Umständen" nicht auf den Bildschirm bekommen. Sie brauchen dazu den TOR-Browser und bestimmte Seiten, die Ihnen Links ins Darknet zur Verfügung stellen. Eine Suchmaschine für das Darknet gibt es nicht.

---

[19]https://de.wikipedia.org/wiki/Darknet

Platz für Ihre Notizen

Bezahlmethoden im Internet

Bezahlen mit Paypal

Paypal ist die am meisten angebotene Zahlungsmethode im Internet. Auch wenn Sie im Internet einkaufen, gibt es nichts Bequemeres wie Paypal.

http://www.paypal.de

Wenn Sie einen Account anmelden, geben Sie **auf jeden Fall Ihre echten Daten an**! Sie könnten sich sonst des Betruges strafbar machen! Nehmen Sie sich etwas Zeit und kämpfen Sie sich durch die Anmeldung. Geben Sie eine **echte** E-Mail-Adresse an, **das ist sehr wichtig**. Paypal verschickt keine Briefe, sondern nur **E-Mails**!

Nach der Anmeldung bekommen Sie eine E-Mail mit einem **Bestätigungslink** zugeschickt, damit verifizieren Sie diese Adresse. Innerhalb der nächsten Tage wird Paypal Ihnen einen Pfennigbetrag vom Konto abziehen (und wieder zurück überweisen), um die Echtheit des Kontos zu prüfen. Ist das Konto freigeschaltet, können sie zusätzliche E-Mail-Adressen angeben. Möchten Sie irgendwann auf einer Pornoseite bezahlen, können Sie sich mit einer **unverfänglichen** E-Mail-Adresse bei Paypal anmelden, die Sie dort hinterlegt haben. Die Pornoseite kann Sie dann nicht mit Hilfe Ihrer E-Mail-Adresse identifizieren. Diese wird von Paypal nämlich mitgesendet.

Bezahlen mit Prepaid-Karten

Prepaidkarten wie PaysafeCard dienen dazu, völlig anonym Geldbeträge an eine Webseite zu bezahlen. Der große Nachteil: Sie werden Schwierigkeiten bekommen, das Geld wiederzusehen, wenn Sie zwar bezahlt, aber keine Gegenleistung erhalten haben! Auf den Webseiten dieser Anbieter wird sogar explizit darauf hingewiesen. Wenn Sie mit einer virtuellen Karte bezahlen, wird Ihre Gutscheinnummer an diese Webseite transferiert. Der Anbieter kann sich dieses Geld beim Dienst ausbezahlen lassen, oder selbst damit einkaufen. Wenn Sie der Meinung sind, dass Sie abgezockt wurden, können Sie sich mit PaysafeCard in Verbindung setzen. Ist mit Ihrer Gutscheinnummer noch nicht eingekauft worden, haben Sie gute Chancen Ihr Geld zurückzubekommen. Wurde die Nummer bereits verbraucht, wird es schwieriger.

Bezahlen mit Kreditkarte

So gut wie alle Pornoseiten bieten das Bezahlen mit Kreditkarte an. Hier sollten Sie unbedingt vorsichtig sein, denn jeder, der Ihre Kreditkartennummer hat, kann auch damit einkaufen! Wenn Sie Ihre Daten einmal auf einer Phishingseite eingegeben haben, ist die Karte schneller überzogen, als Sie „Piep" sagen können!

Oftmals wird von Webseiten die Verbindung Paypal und Kreditkarte benutzt. Zu diesem Zweck müssen Sie Ihre Kreditkartendaten, was wesentlich sicherer ist, in Ihrem Paypal-Account hinterlegen. Achten Sie aber darauf: **Alle diese Seiten schließen Abos ab!** Es wird Ihnen also jeden Monat der Mitgliedsbeitrag von der Kreditkarte abgebucht.

Bezahlen mit Sofortüberweisung

Diese Möglichkeit des Bezahlens finden Sie immer häufiger auf deutschen Internetseiten.

https://goo.gl/zxo5qw

Bei dieser Bezahlmethode werden Sie durch mehrere Menüs geführt. Dort geben Sie Ihre Kontodaten ein. Abschließend wird Ihnen das Geld vom eingegebenen Konto abgebucht. Bei dieser Methode ist es nicht notwendig, dass Sie auf der Webseite, die Sofortüberweisung anbietet, einen Account haben. Zudem scheint diese Methode sehr sicher zu sein. Dies wird durch ein COMPUTERBILD-Testurteil „Sehr gut" bestätigt und durch ein TÜV-Siegel.

Platz für Ihre Notizen

NoScript einstellen

Bevor Sie sich mit Firefox auf die Suche nach diversen Inhalten begeben, sollten Sie dieses Add-on aktivieren! Es
sorgt dafür, dass zunächst alle Scripte, die sich innerhalb
einer Webseite befinden, nicht ausgeführt werden. Dies
dient nicht nur zu Ihrem Schutz, denn Webseiten können
durchaus auch Schadcode auf Ihrem Rechner ausführen,
sondern auch der Minimierung der Werbeanzeigen auf der
entsprechenden Webseite. Rufen Sie in Firefox die Add-
ons-Verwaltung auf. Suchen Sie in der Liste nach **NoScript**
und klicken Sie auf die Schaltfläche **Einstellungen**.

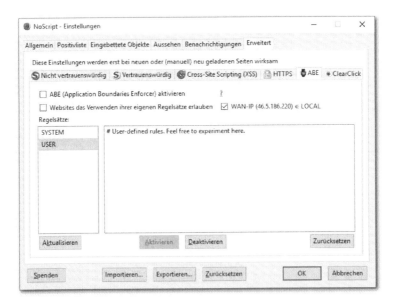

Lassen Sie sich von den vielen Einstellmöglichkeiten nicht
verwirren, Sie müssen nicht viel einstellen. Im Registerreiter **Allgemein** entfernen Sie das Häkchen bei **Jeweils aktuelle Top-Level-Site erlauben**, bei **Benachrichtigunegn** entfernen sie das Häkchen bei **Informationsleiste anzeigen,
wenn Scripte geblockt werden**. Im Registerreiter **Ausse-**

hen entfernen Sie das Häkchen bei **Scripte allgemein erlauben**:

☐ Skripte allgemein erlauben (nicht empfohlen)

Mit dieser Option werden definitiv alle(!) Scripts, die sich auf der besuchten Webseite befinden, ausgefiltert und geblockt.

Aber Achtung: Dies kann auch zur Folge haben, dass die Webseite nicht mehr funktioniert, sprich: Es wird gar nichts mehr angezeigt!

Ein Beispiel wie NoScript arbeitet:

Besuchen Sie die Webseite **www.amazon.de**, dann sollten Sie die **Hauptdomain** (amazon.de) erlauben. Die Seite wird sonst nicht richtig funktionieren:

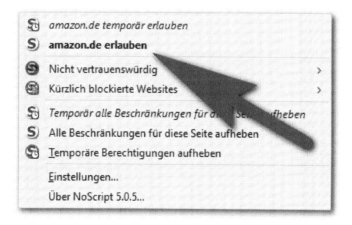

Ein gutes Beispiel für ein Script, welches Sie ohne Weiteres verbieten können, ist die Webseite *Doubleclick.net*. Diese setzt nur Werbeanzeigen auf die von Ihnen besuchte Seite:

Meine Empfehlung ist es zunächst alle Scripte, bis auf die Hauptdomain, abzulehnen! Wenn die Seite dann nicht funktioniert, genehmigen Sie nach und nach alle Scripte (externe Domains), bis Sie das gewünschte Ergebnis erzielen. Meist erkennen Sie schon am Domainnamen, ob es sich um eine Werbeseite handelt. Diese haben oftmals das Wort **click** im Domainnamen.

Platz für Ihre Notizen

Internetseiten spoofen

Das **Spoofen**[20] von Webseiten kommt aus der Hackerszene. Mit dieser Technik lassen sich Webseiten durch die **Hintertüre** besuchen, auf die man sonst gar keinen Zutritt hätte.

http://www.hadley.de/zspoof/zspoof.exe

Das Programm ist nur wenige Kilobyte klein, natürlich völlig virenfrei und funktioniert tadellos. Einziger Unterschied: Zum **Spoofen** der Webseite wird standardmäßig der Internet-Explorer, bzw. Egde (Windows 10) geöffnet:

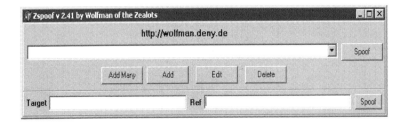

Was bedeutet Spoofen?

Mit der Technik des Spoofens umgeht man auf Webseiten die **Einstiegsseite**, auf der man sich normalerweise mit einem **Benutzernamen** und einem **Passwort** anmelden muss. Ob diese Technik **illegal** ist, das vermag ich nicht zu sagen. Meiner Meinung nach handelt es sich um nichts Illegales, weil sich diese Art der Absicherung eines Mitgliederbereiches sehr einfach umgehen lässt. Das Einzige, was man wissen muss, ist die Zielseite, also die genaue URL der Mitgliederseite.

---

[20] https://de.wikipedia.org/wiki/Spoofing

Dies soll ein Beispiel verdeutlichen: Dies hier ist die **Hauptseite** (*Referrer*) mit der **Abfrage der Zugangsdaten** für Mitglieder:

http://www.beispielseite.com

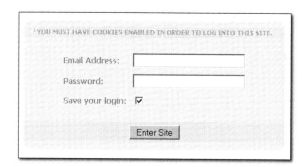

Durchquert man diese Seite mit den **richtigen Zugangs-daten**, wird man auf die **Zielseite** (*Target*) geleitet:

http://www.beispielseite.com/members/

Ruft man die **Zielseite** auf, ohne durch die Hauptseite zu kommen, wird man auf die **Hauptseite umgeleitet** oder man bekommt **eine Fehlermeldung**. Dies geschieht deswegen, weil die Zielseite den s. g. **Referrer** abfragt, den jede Webseite **automatisch an die Folgeseite übergibt**.

Immer, wenn Sie eine Seite verlassen und durch das Anklicken eines Links auf eine andere Seite gelangen, wir die Seite, von der Sie kommen, als Referrer an die nächste Seite übergeben.

Das Abfragen, Verschleiern oder sogar Fälschen dieser Referrer-Angabe nennt man spoofen! Dabei ist die wichtigste Voraussetzung für ein erfolgreiches Spoofen (leider) **die genaue URL der Zielseite** (Target). Anders geht es nicht. Diese Zielseite (Target) zu erraten ist einfacher, als Sie denken, denn meistens endet diese URL schlicht auf */members/* oder */content/*. **Kein Witz, 90% der Mitgliederbereiche im Internet heißen so.**

Wenn Sie auf einen Mitgliederbereich treffen, der durch HTACCESS realisiert ist, haben Sie leider auch Pech. Diese Methode, die so aussieht, lässt sich nicht spoofen:

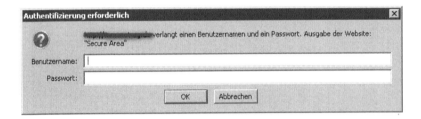

Ebenfalls auf verlorenem Posten stehen Sie bei vielen Webseiten, deren Mitgliederbereiche über ein **CMS-System** geregelt sind (siehe erste Abbildung eines Mitgliederzuganges). Diese Zugänge werden über spezielle Verfahren realisiert (Sessioncookies), die sich nicht, oder nur temporär spoofen lassen. Welche Seiten sich spoofen lassen können Sie leicht ersehen: Fast alle Mitgliederzugänge, die über s. g. **AVS** (AdultVerificationSystem) geregelt sind, lassen sich spoofen. Das gilt für deutsche Systeme ganz genauso wie für alle anderen. Sie müssen nur eines erraten: **Die Zielseite!**

Spoofen mit ZSPOOF

Die Technik des Spoofen aus zwei wichtigen Elementen:

- ❑ **TARGET** (*TAR*) ist die **Zielseite** (da wollen wir hin)
- ❑ **REFERRER** (*REF*) ist die **Hauptseite** (von da sollten wir kommen)

Bei vielen Seiten ist es gar nicht notwendig, den Referrer anzugeben. In diesem Falle gibt es die Bezeichnung **TAR=REF** . Wenn Sie eine URL aus dem Netz haben (oder selbst gefunden, was mehr Spaß macht), geben Sie diese bei TARGET und Ref in die entsprechenden Felder ein. Danach drücken Sie auf **Spoof**.

Der Internet-Explorer wird sich öffnen und die gespoofte Webseite anzeigen. Wenn Sie unterschiedliche Angaben zu TAR und REF haben, geben Sie diese entsprechend in die Felder ein:

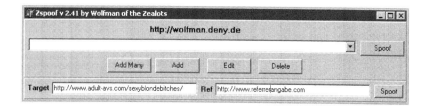

Seiten mit Spooflinks finden

Sie können sich selbst auf die Suche machen oder diverse Foren besuchen, die Ihnen solche Links anbieten. Dazu benutzen Sie den Suchdienst Google. Suchen Sie nach diesen Worten, einzeln oder in Verbindung zueinander:

- ❑ spoof
- ❑ spoofen
- ❑ Firefox spoofen
- ❑ tar/ref
- ❑ tar=ref
- ❑ +spoof +links +tar/ref +firefox
- ❑ +Firefox +spoofen +adult +xxx
- ❑ +Firefox +Adult +Porno +Videos +refspoof

Auf diese Weise sollten Sie fündig werden, wenn Sie nach Foren oder Blogs suchen, die bereits **Spooflinks** anbieten. Diese Seiten selbst zu finden wird schwieriger. Fast alles, was ein AVS-Tor hat, lässt sich spoofen. Sie müssen nur darauf hoffen, dass die Seite, auf die Sie wollen (die Zielseite, als Target oder TAR) auf *members* oder *content* endet. Der Rest ist dann ein Kinderspiel.

Leider sind Pornoseiten, die man tatsächlich **spoofen** kann, heute sehr, sehr selten geworden. Alle großen Anbieter von pornografischen Inhalten haben längst wesentlich sicherere Techniken im Einsatz.

Platz für Ihre Notizen

Link- und Thumbnailseiten

Bevor Sie sich mit der Suchmaschine Google auf die Suche nach Pornoseiten machen, müssen Sie die Einstellungen von Google verändern. Google verwendet einen s. g. **Safe Search Filter**, der in den Standardeinstellungen auf **Moderaten Filter verwenden** steht. Diesen sollten Sie zunächst umstellen.

Wenn Sie etwas in das Suchfeld von Google eingegeben haben, sehen Sie nach der Ergebnisanzeige auf der rechten Seite die Einstellungen für den Safe Search Filter. Schalten Sie den Filter aus:

Im privaten Modus surfen

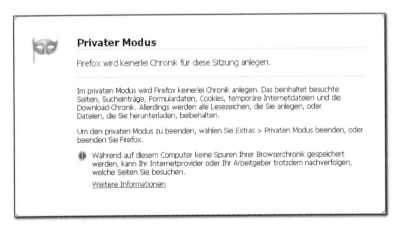

Wenn Sie auf Pornoseiten unterwegs sind, sollten Sie, wenn Sie keinerlei Spuren hinterlassen möchten, den **privaten Modus starten**. Diesen finden Sie im Menü **Extras**. In diesem Modus werden keinerlei Daten auf Ihrem Rechner gespeichert **mit der Ausnahme von Favoriten**!

Es kann losgehen!?!

Jetzt können Sie sich auf die Suche begeben. Doch so einfach, wie Sie sich das vorstellen, ist es leider nicht. Lassen Sie mich zunächst auf die Tricks gewiefter Webmaster eingehen:

Nicht alles, was nach einer Sex- oder Pornoseite aussieht, ist auch wirklich eine. Lassen Sie mich zunächst einige Begriffe erklären, beginnend mit dem Begriff **Thumbnail**s. Thumbnails bezeichnet kleine Vorschaubilder, denen werden Sie in großer Anzahl auf noch mehr Webseiten begegnen. Diese Thumbnails sollen immer zum Klick darauf animieren und führen in vielen Fällen nicht auf das gewählte Bild (oder angestrebte Video), sondern auf eine weitere Thumbnailseite. Dort klicken Sie wieder auf ein Thumbnail und kommen auf die nächste Thumbnailseite. Dort klicken Sie.....

Durch diese Technik werden z.B. **Klicks** generiert, die bares Geld für eine Webseite sind. Oftmals geht auch jedes Mal ein **PopUp** auf, eine „einfliegende Werbung", auch **Layer** genannt. Für 1.000 Layer, die der Surfer „sieht", werden bis zu 4 Dollar bezahlt.

Das Gleiche passiert mit den **Link- oder Contentfarmen**, die auf unzählige Domains verteilt sind. Durch einen Klick auf diese Seiten gelangen Sie wieder auf eine andere Seite, von dort auf die nächste und dort wieder auf die nächste. Der Sinn des Ganzen ist klar: Viele Klicks (also Besucher), eine große Verlinkung und schon wird man bei Google höher bewertet. Diesem System hat Google seit ein paar Tagen mit einem neuen Suchsystem mit dem schönen Namen **Panda** einen Riegel vorgeschoben. Wann jedoch die Suchergebnisse damit einen besseren Wert erreichen, das wird wohl noch ein paar Tage dauern.

Doch nicht alle **Thumbnailseiten** sind Fakes. Viele Anbieter von Pornoseiten benutzen diese Seiten als Präsentation. Aus einer Serie von Bildern werden 20 freigegeben, damit die Thumbnailseite diese Bilder zeigt. Gleichzeitig wird ein Werbelink auf die Seite gesetzt, von der die Bilder stammen. Doch denken Sie daran: Nur weil die Bilder auf Thumbnailseiten kostenlos angeboten werden, bedeutet dies nicht, dass der Hersteller das Copyright freigibt. Sie dürfen diese Bilder, wenn Sie sie herunterladen, nicht selbst auf einer eigenen Webseite oder in irgendwelchen Foren oder Blogs zum Download anbieten! Leider erkennen Sie die meisten Seiten erst dann als Fakes, wenn Sie auch nach mehrmaligem Klicken auf eines der Vorschaubilder immer noch nicht bei einem Video gelandet sind. Da hilft leider nur „Learning by doing"! Das bringt mich zu einem weiteren Trick der Webmaster: Oftmals werden mehrere Klicks auf ein Bild gewertet. Klicken Sie das erste Mal darauf, macht sich eine weitere Seite mit Werbung auf. Erst wenn Sie ein zweites Mal auf das gleiche Thumbnail klicken, sehen Sie die Bildergalerie dahinter. Dies sehen Sie aber oftmals an der URL, die Ihnen beim Überfahren des Bildes angezeigt wird.

Videoseiten mit Google finden

In der heutigen Zeit, in der viele Internetbesucher über DSL verfügen, sucht man nicht mehr nach Bildern. Da müssen schon Videos her. Das Internet ist voll von s. g. **Tubesites**, in denen Videos angeboten werden, die man direkt im Browser anschauen kann. Diese Technik nennt man **streamen**.

Nachteil: Wenn Sie ein Video entdeckt haben, das Ihnen gefällt, müssen Sie sich einen Favoriten auf dieses Video setzen. Um es nochmals betrachten zu können müssen Sie den Firefox öffnen, online gehen und den Favoriten anklicken. Ist Ihnen das zu umständlich? Mir auch. Es geht nämlich auch anders. Mit der richtigen Technik können Sie sich das Video auf die Festplatte laden. Genau hierfür haben wir verschiedene Add-ons in den Firefox integriert, die uns dabei helfen, das Video auf der Festplatte zu sichern.

Gehen Sie zunächst auf die Seite von Google und schalten Sie den **SafeSearchFilter** aus. Wie Sie das machen, habe ich Ihnen bereits beschrieben. Geben Sie anschließend in das Suchfeld von Google Folgendes ein:

+porn +adult +tube +xxx

Vergessen Sie das **Pluszeichen** vor den **Keywords** nicht. Durch dieses Pluszeichen sucht Google nach Webseiten, in denen **alle angegebenen Begriffe** vorkommen. Das Ergebnis wird Sie erstaunen. Ich habe das auch gerade eingegeben und so sieht das Ergebnis aus:

Damit sind Sie eine Weile beschäftigt. Suchen Sie sich aus den ersten Treffern einfach irgendeine aus und klicken Sie diese URL an.

Wenn Sie Glück haben (ich wünsche es Ihnen), kommen sie direkt auf eine **Videoseite**. Diese sind oft in Kategorien eingeteilt. Suchen Sie sich eine Kategorie aus, die Ihnen zusagt. Dann suchen Sie sich ein Video aus und lassen sich dieses Anzeigen:

Achtung! Gaaaaanz wichtig!

Wenn Sie bis jetzt auf **Youtube** oder **Clipfish** schon Videos angeschaut haben, dann fallen Sie auf keinen Fall auf Meldungen herein, die Ihnen weismachen wollen, Ihr Flashplayer oder Ihr Firefox wäre veraltet! **Die Links in diesen Meldungen führen zu 99% auf einen Trojaner**! Dies gilt ebenso für meist aufpoppende Webseiten, die Ihnen erzählen möchten, Sie hätten sich einen Virus einfangen. **Das ist alles Blödsinn!** Vertrauen Sie Ihrem installierten Virenscanner und Ihrem Menschenverstand. Sollten Sie das Video tatsächlich **nicht zum Laufen bekommen**, besuchen Sie die Seite von **Adobe** und laden sich dort den neuesten **Flash-Player** herunter. Mit diesem Player dürften 95% aller Streamingseiten funktionieren.

http://get.adobe.com/de/flashplayer/

Das Gleiche gilt für Webseiten, die Ihnen einen eigenen Player unterjubeln möchten mit Worten wie:

„Diese Videos funktionieren nur mit unserem Flashplayer!"

Glauben Sie es mir: Wenn Sie auf diesen Webseite die dort zum Download angebotene Software herunterladen und installieren, werden Sie es vermutlich schnell bereuen!

Rechtliche Hinweise

Rechtlicher Hinweis: Das Downloaden von kompletten Pornofilmen oder Teilen daraus von s. g. Filehostern ist zu 99% illegal! Der Rechteinhaber des Films hat mit Sicherheit keine Genehmigung zum Verbreiten seiner Werke auf diversen Webseiten erteilt. Wenn Sie einschlägige Foren, Blogs oder Webseiten besuchen, auf denen komplette Pornofilme (oder s. g. Clips) kostenlos zum Download angeboten werden und diese Filme dort auf Ihren eigenen Rechner herunterladen, **machen Sie sich strafbar**! Das gilt auch für Serien von Pornobildern, Liedern, Kaufprogrammen oder „normalen" DVS (auch aktuelle Kinofilme), die auf diesen Webseiten angeboten werden. **Ich betone es nochmals ausdrücklich: Sie machen sich strafbar, wenn Sie urheberrechtlich geschützes Material (Filme, Musik, Bilder, Hörbücher, E-Books) herunterladen!**

Die hier gezeigten Verfahren dienen einzig und alleine der Anschauung und sollen zeigen, wie einfach es ist, sich dieses Material herunterzuladen, welche Techniken, Programme oder Add-ons man für diese Tätigkeit benötigt und wie PowerUser es schaffen, nicht dabei erwischt zu werden.

Denken Sie daran: Unter „normalen" Umständen hinterlassen Sie immer Ihre IP auf jeder Webseite, die Sie besuchen. Dies gilt auch für Rapidshare, Uploaded.to und Konsorten. Nur weil diese z. T. in der Schweiz oder im Ausland liegen, bedeutet das nicht, dass die Inhaber der Filehoster nicht auch mit Strafverfolgungsbehörden zusammenarbeiten.

Download von Filehostern

Wenn Sie nur eine Datei herunterladen möchten, dann ist Geschwindigkeit oder die Eingabe eines Captchas nicht so wichtig. Wenn man aber, wie ich es hier zeigen werden, gleich mehrere Filme gleichzeitig downloaden möchte, dann wird das alles zum Geduldspiel.

Der Grund dafür ist einfach: Jeder Filehoster drosselt nicht nur die Bandbreite des Downloads (da kann selbst DSL schnell zur Schnecke werden), sondern erlaubt auch oft nur ein oder zwei Downloads pro Sitzung. Theoretisch muss man dann seinen Router vom Netz trennen (man bekommt dann vom Provider eine neue IP) und den Cache des Browser leeren (vor allem die Cookies müssen gelöscht werden).

Aus diesem Grund sollte man sich bei den Standard-Filehostern einen Account zulegen! Sicher, das kostet den einen oder anderen Euro, aber nicht die Welt. Ein Pornofilm ist auf dem Markt auch nicht für unter 10 Euro zu haben, bei Fileserve.com kann man für 10 Euro 30 Tage lang unlimitiert downloaden was das Zeug hält! Bei der Anmeldung ist Paypal Pflicht. Auch wird oft eine Kreditkarte verlangt. Auf einer „guten" Webseite mit Pornos im Angebot werden die Filme auf mehrere Filehoster verteilt. So kann es schon einmal vorkommen, dass der gleiche Film auf:

- *www.uploaded.to*
- *www.freakshare.com*
- *www.fileserve.com*

liegt. Sie brauchen nicht für alle diese Filehoster einen Account, diese vier sind aber, zumindest als ich dieses Buch schrieb, der Quasi-Standard.

Alle diese Hoster bieten einen **Premium-Zugang,** den man mit einem Paypal-Account bezahlen kann. Nach der Anmeldung erhält man eine ID und ein Passwort. Damit loggt man sich in den entsprechenden Account ein.

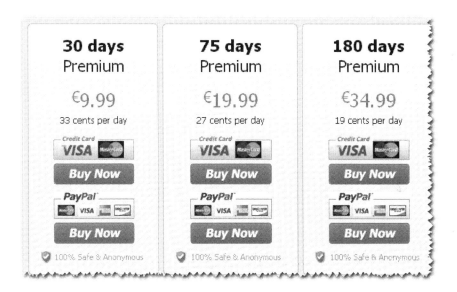

Wenn Sie viel herunterladen, legen Sie sich einen Jahresaccount zu. Meistens sind diese langen Laufzeiten deutlich billiger, oftmals sogar um 50%. Sollte der Hoster hopps gehen, ist Ihre Kohle aber vermutlich weg.

Deutsche Pornoseiten

Sie werden viele Blogs, Foren und Downloadseiten finden, einige davon auch in deutscher Sprache. Das macht diese Seite aber noch nicht legal. Wenn Sie, ohne einen Cent zu bezahlen, Pornofilme downloaden können, sollte Sie das immer stutzig machen. Das kann nicht legal sein. Während Sie im „übrigen" Internet auf jede Pornoseite einfach nur mit einem Klick gelangen, macht der deutsche Gesetzgeber Webmastern in diesem Lande das Leben sehr schwer. Auf deutschen, legalen Pornoseiten ist es zwingend Pflicht, ein AVS-Tor (Adult Verification Service) zu installieren, das mit einem F2F-System arbeitet. Das bedeutet, Sie müssen sich, oftmals über das PostIdent-Verfahren, eindeutig beim Webseitenbetreiber als Erwachsener identifizieren. Das ist nicht nur sehr umständlich, es dauert auch mitunter mehrere Tage. Das Totschlagargument für dieses Verfahren ist aber: Sie müssen sich beim Betreiber der Webseite outen, dieser kennt Ihren Namen und Ihre vollständige Adresse. Leider ist die Qualität, die dann hinter dem AVS-Tor steckt, nicht immer dass, was man gesucht hat. Viele deutsche Webmaster setzen reine Vorschauseiten hinter diese Tore, mit deren Hilfe der Besucher auf weitere Bezahlseiten gelockt werden soll. Allerdings wird dieses System auch von zahlreichen Amateuren benutzt, die sich auf diese Weise den einen oder anderen Euro dazuverdienen und auf der „richtigen Seite des Gesetzes" bleiben wollen. Sie müssen selbst entscheiden, ob Sie sich das ABO für ein solches AVS-System leisten wollen oder nicht. Kostenlos ist es nämlich nicht, das war ja klar.

Platz für Ihre Notizen

Webseiten mit Filmen suchen

Hier scheitern die meisten Interessierten: Sie finden einfach nichts zum Downloaden! Sie surfen stundenlang und werden von einer Webseite auf die andere verwiesen, erliegen Fakeklicks, finden dann etwas, was doch wieder nichts ist, und geben nach zwei Stunden entnervt auf. Doch keine Sorge. Wozu gibt es Google?

Schalten Sie zunächst den **SafeSearchFilter** von Google auf **Meine Suchergebnisse nicht filtern**, sonst finden Sie wirklich nichts. So gehts:

- *Besuchen Sie **www.google.de***
- *Klicken Sie auf das **Zahnrad** rechts oben!*
- ***Sucheinstellungen***
- *Unter **SafeSearchFilter** auf „Meine Suchergebnisse nicht filtern" klicken!*
- *Rechts oben auf **Einstellungen speichern** klicken*

Mit folgenden Keywords (Suchwörtern) findet man schon etwas, wenn man nach Pornos sucht. Das **Pluszeichen** vor dem Wort ist wichtig, lassen Sie es nicht weg:

- **+xxx +porn +board +rapidshare +vid**
- **+adult +blog +download +fileserve +movie**
- **+"18+" +porn +board +rapidshare +clip**

Sie können noch mehr von diesen Keywords verwenden und miteinander kombinieren. In dieser Branche gibt es auch eine eigene Sprache, wenn Sie z. B. auf der Suche nach speziellen Spielarten sind.

Die wichtigsten Wörter sind:

Mature	=	reife Frauen
Shemale	=	Transvestiten
MILF	=	**M**om, **I** **l**ike to **f**uck (Frauen ab 40)
18+	=	Mädchen ab 18
Indian	=	Frauen aus indischen Ländern
Asian	=	Frauen aus asiatischen Ländern
Lesbian	=	lesbische Frauen
barely legal	=	gerade erst 18 Jahre
Anal	=	Analverkehr
Couple	=	Sex mit einem Paar
Masturbating	=	Selbstbefriedigung
Vintage	=	alte Pornofilme (auch **classic**)
Outdoor	=	Sex im Freien (auch **public**)
Stockings	=	Frauen in Strumpfhosen
BBW	=	mollige Frauen (auch fette Frauen)
Amateur	=	Sex mit Amateuren (keine Profis)
Big Tits	=	große Busen
BDSM	=	Sadomasochismus
Swinger	=	Partnertausch
Gang Bang	=	Gruppensex
Interracial	=	Schwarz treibt's mit weiß
Celebrity	=	berühmte Persönlichkeiten
FemDom	=	Female Domination (Frau dominiert)
School	=	Schulmädchen
Creampie	=	Sperma läuft aus einer Körperöffnung
Cumshots	=	in den Mund oder ins Gesicht
Babes	=	schöne Frauen mit tollen Körpern
Fisting	=	da wird die ganze Hand benutzt
Pissing	=	auch **Nektar** (urinieren)
Kaviar	=	sehr eklig! Nichts für mich!

Old Man	=	alte Männer, junge Frauen
Hairy	=	stark behaarte Frauen
Hidden Cam	=	Aufnahmen mit versteckter Kamera
Granny	=	Verfallsdatum überschritten
Virgin	=	Jungfrauen (meist gefakt)
Hentai/Anime	=	japanische, gezeichnete Sexfilme
Double	=	eine Frau, zwei Männer
Ebony	=	weißer Mann, farbige Frau
Ass	=	Arschgeschichten
Big Cock	=	mächtig was in der Hose!
Threesome	=	Sex zu dritt
Teachersex	=	Sex mit dem Lehrer
Handjob	=	sie macht es nur mit der Hand
Strapon	=	ein Dildo zum Umschnallen
Dildo	=	Sexspielzeug
Voyeur	=	heimlich zuschauen
group sex	=	Gruppensex (auch **orgy**)
Skinny	=	sehr dünne Frauen (auch **tiny**)
Porn Stars	=	Pornos mit Profis aus der Branche
Drunk	=	betrunkene Frauen
Cute	=	hübsche, schlanke, junge Frauen)
Teens	=	junge Frauen zwischen 18 und 20
Pregnant	=	schwangere Frauen
Extreme	=	alles, was in keine Nische passt
Spanking	=	die hauen sich!
Solo	=	einzelne Frauen
Upskirt	=	unter den Rock geschaut
Nylon	=	wie der Name schon sagt
Latex	=	die ziehen sich Kleidung aus Latex an
Coeds	=	Schülerinnen, Studentinnen
Bisexual	=	das dürfte Ihnen bekannt sein
First Time	=	das erste Mal

Foot	=	Fußfetisch
Blowjob	=	Oralverkehr
Squirting	=	weibliche Ejakulation (ja, das gibts)
Domination	=	siehe BDSM
Lingerie	=	Sex in Reizwäsche
Stripping	=	Striptease
Facial	=	Ejakulation ins Gesicht
Deep Throat	=	komplett rein beim Blowjob
Headfuck	=	siehe oben, nur heftiger (is' eklig)
Pantyhose	=	Sex in Strumpfhosen (auch **Panties**)
CFNM	=	angezogene Frauen, nackte Männer
Brunette	=	Frauen mit braunen Haaren
Blonde	=	blonde Haare
Redhead	=	na, was wohl?
Nipples	=	Brustwarzen
Glory Hole	=	das müssen Sie gesehen haben!
Hardcore	=	einfacher Sex
Swallow	=	verdammt viel Sperma
Insertions	=	alles, was man reinstecken kann
Closeup	=	ganz nah ran
Bukkake	=	viele Männer, viel Sperma, eine Frau
Nurse	=	Krankenschwester
adorable	=	wirklich bezaubernde Frauen (Teens)
machine sex	=	allerlei technisches Spielzeug
kinky	=	das ist erst richtig abartig. Pfui Dei-
bel!		
gym	=	durchtrainierte Körper
shaved	=	rasiert
fetish	=	manchmal ziemlich arbartig
whore	=	Prostituierte
young	=	junge Mädels (18+)
gay	=	schwule Männer

Das sind bei Weitem nicht alle Codes, die es in dieser Branche gibt. Da wäre z. B. noch **Cameltoe** (Kamelzee). Dieser Fetisch beinhaltet Bilder und Videos von rasierten Frau in engen Leggings oder dünne Hosen, bei denen sich im Schritt die Schamlippen abzeichnen. Sie finden das seltsam? Im Sex und in der Liebe gibt es nichts, was seltsam ist.

Wenn man aus diesen Codes kombiniert, wird man sicher fündig:

+xxx +young +couple +blog +free +downloads

Leider kann ich Ihnen hier keine Webseiten nennen, es gibt aber Hunderte davon. Findet man einen **Blog,** dann ist zum Downloaden der Filme nicht einmal eine Anmeldung nötig. Findet man ein **Board** (Forum), werden Sie sich **in den meisten Fällen anmelden müssen.** Suchen Sie dazu auf der Seite einen Link zu **Registration** oder **Registrieren** und geben dort **unbedingt** Ihre Fake-Email-Adresse an! Diese Adresse sollte aber echt sein, denn oftmals wird eine Email mit einem Bestätigungslink versendet, den Sie anklicken müssen. Danach können Sie sich ins Forum einloggen.

Platz für Ihre Notizen

WAS MACHEN SIE BEI KINDERPORNO?

Sollten Sie, trotz aller Vorsicht, auf kinderpornografische Webseiten stoßen, erliegen Sie auf keinen Fall der Neugierde und klicken Sie sich nicht durch die Seite! Speichern Sie die Seiten auf keinen Fall in den Favoriten! Jedes Bild, welches in Ihrem Browsercache landet, bringt Sie dem Gefängnis näher! Verlassen Sie sofort die betreffende Seite und löschen Sie, wenn Sie nicht im **Privaten Modus** unterwegs waren, den Browsercache des Firefox mit **Chronik / Neueste Chronik löschen**.

So melden Sie die Seite dem BKA:

- Schalten Sie TOR ein!
- Kopieren Sie den Link der CP-Seite aus dem Adressfeld
- Besuchen Sie diese Webseite

  https://www.awxcnx.de/anon-email.htm

- Füllen Sie die benötigten Felder aus. Die Mailadresse des BKA lautet: **info@bka.de**

Platz für Ihre Notizen

Filme downloaden

Hat man eine Webseite gefulden, auf der die angebotenen Filme den eigenen Geschmack treffen, hat man mehrere Möglichkeiten, diese Filme auf seinem Rechner zu speichern.

Die einfachste Möglichkeit besteht darin, den Downloadlink einfach anzuklicken. Wenn Sie Glück haben, werden Sie direkt auf den Filehoster umgeleitet:

fileserve
http://www.fileserve.com/file/uAy2SBJ/x-●●●●●●●●●-1pon-091011_173-DIV
http://www.fileserve.com/file/5FYzguA/x-●●●●●●●●●-1pon-091011_173-DIV

uploadstation
http://www.uploadstation.com/file/TqHRaNQ/x-●●●●●●●●●1pon-091011_1
http://www.uploadstation.com/file/yMW3ppk/x-●●●●●●●●●-1pon-091011_1

filesonic
http://www.filesonic.com/file/1925275921/x-●●●●●●●●●-1pon-091011_173
http://www.filesonic.com/file/1925276251/x-●●●●●●●●●-1pon-091011_173

Dort müssen Sie sich (vor allem, wenn Sie keinen Account bei dem Filehoster haben) erst einmal durch die Webseite lesen und den richtigen Klick finden. Diese Seiten sind mit Werbung so vollgepackt, dass dies nicht immer ein einfaches Unterfangen ist.

Vor allem die Hinweise auf einen (zu bezahlenden) Premiumaccount sind in den meisten Fällen nicht zu übersehen.

Ein Beispiel: Fileserve.com

Danach, natürlich, das obligatorische Captcha:

In diesem Fall wäre das *nvexm onssedf*. Groß- oder Klein-schreibung ist bei diesem Captcha egal. Diese Captchas die-nen dazu, den Besucher als Mensch zu identifizieren, denn ein BOT kann nicht lesen.

Wenn Sie denken, Sie bekommen das Video nun, Fehlanzei-ge. Erstmal gehts mit ein paar Klicks weiter:

Nochmal 30 Sekunden warten

Und noch ein Klick

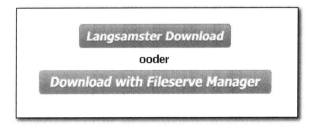

Jetzt endlich können Sie die Datei downloaden und abspeichern:

Damit haben Sie einen Teil (auch PART genannt) des Videos. Sie brauchen aber alle Parts! Deswegen munter auf den nächsten Link geklickt:

Tja, Pustekuchen. War wohl nix, Satz mit X. So wird Ihnen das mit den meisten Filehostern gehen, die sind ja nicht doof. Müssen Sie bei Fileserve „nur" 900 Sekunden warten (immerhin 15 Minuten), kann es Ihnen bei anderen Hostern passieren, dass Sie einen ganzen Tag warten müssen.

IP-Sperre umgehen

Diese Sperre wird durch Ihre IP realisiert und lässt sich sehr einfach umgehen. Einfach aber umständlich: **Starten Sie dazu lediglich Ihren Router neu**! Sie bekommen danach eine neue IP-Adresse und können weitere Dateien von diesem Filehoster downloaden. Finden Sie diese Vorgehensweise umständlich? Zeitaufwändig? Nervig? Ist es auch. **Daher mein Rat**: Investieren Sie diese 9 Euro für einen Premiumaccount. Das nimmt Ihnen so viel Stress und Arbeit ab. Nachdem Sie den Account haben, loggen Sie sich in die entsprechende Webseite des Hosters ein. Wenn Sie jetzt auf einer Pornoseite einen Link zu diesem Hoster anklicken, **wird Ihnen sofort (!) die Datei zum Download angeboten**!

Download mit JDownloader

Wie Sie den JDownloader (**JD**) installieren, habe ich Ihnen bereits erklärt. Starten Sie das Programm nun und klicken

Sie die Installation von **Flashgot** weg (falls Sie das noch nicht gemacht haben).

JD startet mit einer Warnung, die können Sie aber ignorieren (das können Sie sowieso nicht mehr ändern). Wählen Sie die Sprache **Deutsch** aus und entscheiden Sie sich für ein **Downloadverzeichnis**:

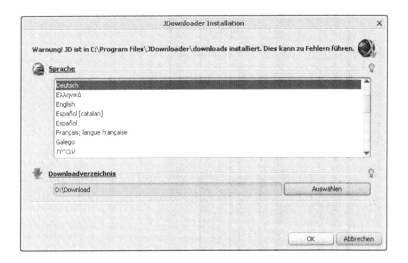

Alle Updates, die JD Ihnen anbietet, sollten Sie durchführen:

Nachdem alle Updates durchgeführt wurden, startet JD selbständig neu:

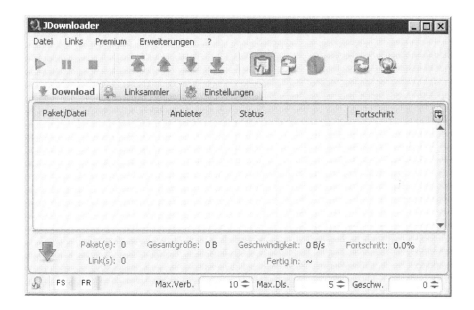

Zunächst sollten Sie zwei Dinge einstellen:

- ❏ **Settings / User Interface / Language**
  Auf **Deutsch** umstellen (danach JD neu starten)
- ❏ In der **Menüzeile** auf **Premium / Premium global aktiviert**

Normale Downloads

JD lädt nicht nur Dateien von Filehostern herunter, sondern alle Dateien, die sich Downloaden lassen. Ist das Programm gestartet, genügt es vollkommen einen Downloadlink mit der rechten Maustaste anzuklicken und **Linkadresse kopieren** auszuwählen.

JD reiht diesen Download dann unter **Linksammler** in die Liste ein. Gleichzeitig zeigt das Programm an, ob die Datei noch zur Verfügung steht:

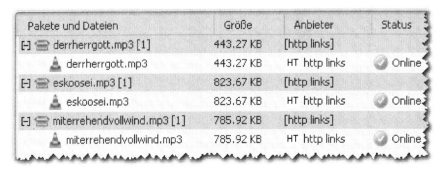

Der Download wird allerdings erst gestartet, wenn Sie das erlauben. Klicken Sie dazu auf dieses Icon:

Ist die Datei nicht mehr vorhanden, wird Ihnen dies ebenfalls entsprechend angezeigt:

Download von einem Filehoster

Hier muss unterschieden werden zwischen dem Download bei einem Filehoster (FH) **mit und ohne Premiumaccount**. Wenn Sie **ohne einen Premiumaccount** von einem FH downloaden, müssen Sie beim JDownloader erst die Bedingungen des entsprechenden FH akzeptieren.

Ohne einen Premiumaccount taucht danach das obligatorische Captcha auf, welches Sie ausfüllen müssen:

Erst dann beginnt der seeeehr langsame Download, weil diese Verbindungen gedrosselt werden:

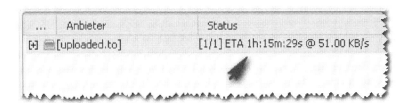

Deswegen nochmal: Kaufen Sie sich einen Account bei den Filehostern, be denen Sie mehrere Downloads planen. Für eine Datei ist das überflüssig, für 50 Dateien schon nicht mehr.

Premiumaccount anlegen

Wenn Sie sich bei einem Filehoster angemeldet haben, der sich auch mit JDownloader verwalten lässt, können Sie die Zugangsdaten fest speichern:

Klicken Sie auf **Einstellungen**, dann auf **Account hinzufügen**. Wenn Sie noch keinen Account haben, können Sie diesen hier auch kaufen. Die Programmierer verdienen dann auch ein paar Cent daran!

Wurde der Account erkannt, wird Ihnen das in entsprechender Form angezeigt. JDownload kann sogar ermitteln, wie lange der Account gültig ist und wie viel Traffic Sie noch haben. So haben Sie alle Informationen stets im Blick:

Thu, 15 Sep 2011 14:36:17 GMT	Unlimited
19.60 GB	
Fri, 16 Sep 2011 20:27:00 GMT	19.60 GB/19.60 GB
110.00 GB	
Fri, 28 Oct 2011 14:41:29 GMT	110.00 GB/110.00 GB

Platz für Ihre Notizen

Viele Dateien auf einmal mit LinkGopher

Haben Sie ein Forum oder einen Blog gefunden, auf dem Sie nun richtig abräumen und viele Filme downloaden möchten, ist es meistens zu mühsam, jede Datei einzelnd anzuklicken. Das müssen Sie auch nicht, denn Sie können diese Arbeit automatisieren.

Beenden Sie zunächst das Programm JDownloader, es kommt Ihnen sonst in die Quere!

Rufen Sie die Webseite auf, auf der sich die Links zu den Filehostern oder Dateien befindet. Klicken Sie **mit der linken Maustaste auf das Icon des LinkGophers**

Das Programm bietet Ihnen dann verschiedene Möglichkeiten an. Wählen Sie **Extract all Links**

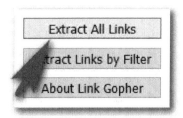

Ihnen werden nun alle Links in der aufgerufenen Webseite angezeigt:

Drücken Sie **STRG+A** und dann **STRG+C**, dadurch werden **alle Links kopiert**. Starten Sie nun den Windows-Editor. Im Textfeld drücken Sie auf **STRG+V**, dadurch werden **die Links eingefügt**.

Dies wiederholen Sie nun mit allen Unterseiten, auf denen sich Links zu Dateien befinden, die Sie gerne downloaden möchten.

Aus dieser Liste können Sie sich nun die Links heraussuchen, die Sie herunterladen möchten. Alternativ laden Sie die Zeilen einfach in eine Excel-Tabelle, so haben Sie auch noch die Möglichkeit, die Liste zu sortieren.

Starten Sie zum Abschluss den JDownloader2 und kopieren noch einmal die Liste der Dateien, die Sie nun entgültig herunterladen möchten. Drücken Sie **STRG+C** (kopieren). Die gewählten Zeilen werden nun in den JDownloader eingefügt:

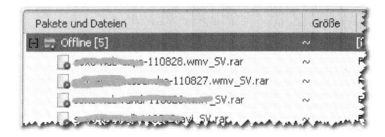

Klicken Sie danach auf das **Play-Symbol**, beginnt der JD mit dem Download der gewünschten Dateien.

Dies funktioniert nicht nur mit Videos, sondern mit allen Dateien, die sich herunterladen lassen! Diese Dateien können Sie auch in ein Projekt für den **Offline Explorer** einfügen.

Platz für Ihre Notizen

Download mit dem Offline Explorer

Der **Offline Explorer** (OE) lädt Ihnen den Inhalt kompletter Webseiten auf Ihre Festplatte. **Das Gute daran**: Das Teil kann auch Webseiten spoofen! Dazu brauchen Sie nur den Referrer anzugeben! Sie sollten sich allerdings erstmal intensiv mit den diversen Einstellungen des Programms vertraut machen. Wenn Sie nämlich nicht aufpassen, laden Sie sich das **komplette Internet** herunter.

Nach dem Start bietet Ihnen ein Assistent die Erstellung eines neuen Projektes an. Entfernen Sie hier das Häkchen:

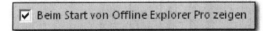

Auch hier wieder der Hinweis: Lassen Sie sich nicht erschrecken, wenn Sie die vielen Funktionen dieses Programmes erblicken! Sie brauchen davon nur ein paar Prozent. Die wichtigsten Einstellungen zeige ich Ihnen, indem wir uns miteinander durch die einzelnen Punkte klicken. Suchen Sie sich als Beispiel eine beliebige Homepage aus. Außerdem sollten Sie entscheiden, ob Sie die **komplette** Homepage auf Ihrer Festplatte haben möchten, oder nur deren Inhalte wie Bilder oder Videos. Oftmals möchten Sie nur eine Seite archivieren, dann müssen Sie die Einstellungen entsprechend anpassen.

Eine Webseite speichern

Der **Offline Explorer** wird Ihnen die komplette Webseite so herunterladen, dass Sie sich offline, also ohne sich mit dem Internet zu verbinden, durch die Seite klicken können. Dies klappt aber nicht immer, denn gerade wenn Sie einen Blog oder ein Forum herunterladen, werden Sie nicht immer das gewünschte Ergebnis erhalten. Am Besten funktioniert dies immer noch mit ganz normalen Webseiten, die auf einer HTML-Struktur aufgebaut sind nicht auf einer Script-Software.

Starten Sie den **Offline Explorer** und klicken Sie im ersten Registerreiter **Start** auf **Neues Projekt**:

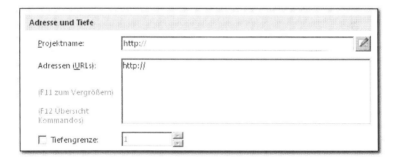

Projekt: Adressen und Tiefe

Vergeben Sie hier einen **Projektnamen** und fügen Sie eine **URL** ein. Sie können in das URL-Feld auch mehrere Adressen untereinander setzen, OE arbeitet dann alle Webseiten nacheinander ab.

Die **Tiefengrenze** bezeichnet die „Tiefe" der Unterverzeichnisse, die OE durchsuchen und von dort Inhalte laden soll.

Möchten Sie die komplette Webseite downloaden, entfernen Sie das Häkchen an dieser Stelle.

Projekt: Welche Dateien sollen geladen werden?

Die Einstellung **Vorhandene Dateien NICHT laden** hat sich in meiner Praxis bewährt.

Dateifilter TEXT: Adresse und Dateigröße

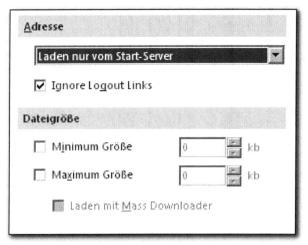

Unter **Adresse** stellen Sie **Laden nur vom Start-Server** ein, wenn Sie nicht das komplette Internet auf Ihre Festplatte schaufeln möchten. Mit dem Punkt **Dateigöße** können Sie entscheiden, ob Sie z. B. besonders große Dateien lieber nicht laden möchten.

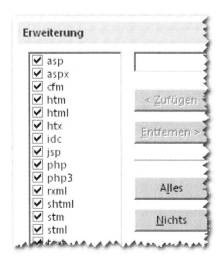

Sind Sie nur auf bestimmte Dateien aus, können Sie diese hier anwählen. In diesem Abschnitt sind damit nur Dateien gemeint, die die Struktur der Webseite bilden. Beachten Sie bitte, dass OE versuchen wird, die Seitenstruktur beizubehalten.

So wird es Ihnen ermöglicht, sich später offline durch die Seite zu klicken. Dies klappt aber nicht immer! Gerade bei Webseiten, die nicht komplett aus HTML-Seiten bestehen, ist dies manchmal ein schwieriges Unterfangen.

Dateifilter BILDER: Adresse und Tiefengrenze

Oftmals sind Bilder auf einer Webseite nur verlinkt. Deswegen sollten Sie hier die Funktion **Laden von irgendeiner Seite** auswählen, damit OE auch diese Bilder herunterlädt.

Klicken Sie auf die Schaltfläche **Bildgröße**, können Sie sogar die Länge und Breite bestimmen, die das Bild mindestens haben muss:

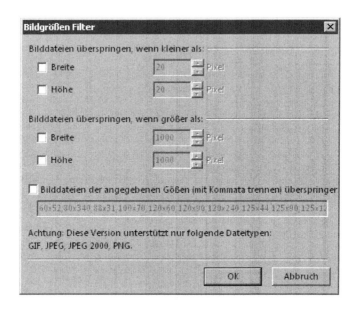

Ebenso können Sie wieder unter **Erweiterung** auswählen, welchen Bildtyp Sie herunterladen möchten. Sie haben noch nie ein Bild mit der Endung **ipx** gesehen? Machen Sie sich nichts draus: ich auch nicht! Alle anderen **Dateitypen** können Sie nun im **Dateifilter** auf die gleiche Art bestimmen. Manchmal sollten Sie im Filter **Archiv** die Dateigröße bestimmen, denn in den heutigen DSL-Zeiten können Archive schon einmal ein halbes Gigabyte oder mehr groß sein.

URL-Filter: Server

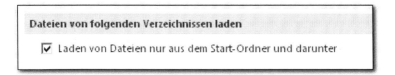

Dies ist die wichtigste Einstellung überhaupt! Wenn Sie das Häkchen bei **Laden von Dateien nur aus Start-Datei** weglassen, bekommen Sie das komplette Internet auf die Festplatte geladen. So viel GigaByte können Sie sich gar nicht anschaffen, die das benötigen würde! Beschränken Sie das Laden dabei auf die **Domäne**.

Sind auf der Webseite andere Inhalte verlinkt, können Sie das Häkchen bei **Laden bis zu** setzen. Wenn Sie hier nur eine **1** setzen, werden auch nur die verlinkten Inhalte geladen. Setzen Sie eine **2**, dann werden auch schon Links geladen, die auf der ersten externen Seite verlinkt waren.

Mein Rat: Lassen Sie das Häkchen lieber ganz weg!

URL-Filter: Verzeichnis

> Dateien von folgenden Verzeichnissen laden
>
> ☑ Laden von Dateien nur aus dem Start-Ordner und darunter

Auch eine sehr wichtige Einstellung! Sie bestimmt, aus welchem Verzeichnis die Inhalte von der Webseite geladen werden sollen. Oft reicht es völlig aus, wenn Sie dieses Häkchen setzen. Erst wenn Sie bemerken, dass z. B. die Bilder fehlen, sollten Sie dieses Häkchen entfernen.

Eine Webseite ist in einer gewissen Struktur aufgebaut, beginnend mit der Startseite.

→ **www.domain.de/index.htm**

In dieser Startseite sind z. B. Bilder integriert, die in einem Unterverzeichnis liegen:

→ **www.domain.de/index.htm**
   ↳ **bilder**
        → bild01.jpg
        → bild02.jpg

Diese Bilder liegen dann **... im Startordner oder darunter!**

Es kann aber durchaus sein, dass die Bilder **über dem Startordner** liegen:

   → **bilder**
        → bild01.jpg
        → bild02.jpg
↳ **www.domain.de/cms/index.htm**

Dann müssen Sie das Häkchen bei **Laden nur vom Start-Ordner oder darunter** entfernen!

Dies sind schon die wichtigsten Einstellungen, die Sie machen müssen. Sollten Sie nach dem Download feststellen, dass sich das gewünschte Ergebnis nicht eingestellt hat, dann „experimentieren" Sie etwas mit den Einstellungen herum. Leider ist es manchmal eine rechte Fummelei, bis man das gewünschte Ergebnis erzielt hat.

Die wichtigsten Einstellungen sind die **Tiefengrenze** (Projekt), das **Laden nur vom Startserver** (Dateifilter, Text) sowie **Laden von Dateien nur aus der Start-Datei** (URL-Filer, Verzeichnis).

Bevor Sie den Download starten, stellen Sie noch folgendes ein:

Wohin soll gespeichert werden

In den Standardeinstellungen speichert OE die heruntergeladenen Daten in das Verzeichnis **Download** auf der Festplatte C. Wenn Sie dies ändern möchten, klicken Sie im Registerreiter **Erweitern** auf **Dateien**:

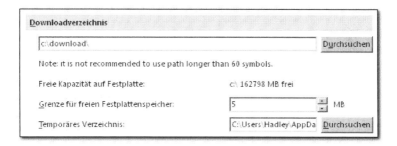

Dort können Sie einen eigenen Speicherort angeben. Denken Sie daran genug Platz zur Verfügung zu stellen denn viele Webseiten bewegen sich längst mit Bilder, Videos oder Audiodateien, im Gigabytebereich.

Anzahl Verbindungen

Wenn Sie schon einmal in den Einstellungen sind, klicken Sie noch auf **Verbindung**. Dort finden Sie folgende Einstellung:

Dies bedeutet, dass der Offline Explorer gleichzeitig 10 Verbindungen zur Webseite aufbaut, die er herunterladen soll. Ich habe hier auch schon 30 Verbindungen eingestellt und hatte keine Probleme. Dies hängt ganz von der Webseite ab. Manche Webseiten gestatten nur zwei Verbindungen! Dies können Sie aber im Downloadstatus beobachten. Lädt der OE dort nur von zwei Verbindungen, Sie haben aber 10 eingestellt, dann sollten Sie diesen Wert auf 2 ändern. Es kann sonst sein, dass der Server, von dem Sie herunterladen, Ihre IP sperrt!

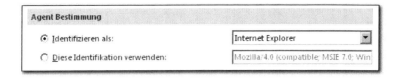

Einige Server erkennen es, wenn Sie nicht mit einem Browser, sondern mit einem Downloader daherkommen. Diese Anfragen werden dann blockiert, da Downloadprogramme erheblichen Traffic auf der entsprechenden Webseite generieren. Sie können deswegen in der Einstellung **Agent Bestimmung** dem Server einen Browser „vorgaukeln". Wählen Sie in dieser Einstellung den **Internet Explorer** oder den **Firefox** aus.

Download von Filehostern

Sie können mit dem Offline Explorer keine Dateien von Filehostern herunterladen. Das funktioniert auch nicht, im Gegensatz zu DownThemAll, wenn Sie sich vorher mit einem Browser auf die Webseite des Filehosters einloggen. Filehoster verlangen eine Anmeldung und OE bietet diese Funktion nicht an. Benutzen Sie für diese Downloads **DTA** oder **JDownloader**.

Spoofen mit dem Offline Explorer

Es ist sehr einfach mit dem OE **eine komplette Webseite zu spoofen**. Wenn Sie eine Seite gefunden haben und dort alle Bilder oder Videos herunterziehen möchten, legen Sie im OE ein ganz normales Projekt an. In die erste Zeile tragen Sie die **Zielseite** ein (Target), darunter schreiben Sie die **Referrerseite**, wie Sie es oben in der Grafik sehen.

Abschließende Worte

Ich habe Ihnen gezeigt, welche Programme Sie benötigen, wie Sie diese Programme einrichten und damit erste Ergebnisse erzielen.

Ich habe Ihnen gezeigt, wie Sie diversen Gefahren des Internets begegnen und wie Sie sich davor schützen können.

Ich habe Ihnen gezeigt, wie Sie in Google nach Pornos suchen, welche Schlagwörter Sie dafür verwenden müssen und wie Sie Fakeseiten erkennen.

Leider darf ich Ihnen keine Links zu diesen Seiten nennen, denn dann würde dieses Buch unter den Ladentisch wandern und ich dürfte es nicht mehr öffentlich bewerben.

Jetzt sind Sie dran, das Beste aus dem Gelernten herauszuholen. Wenn Sie die Ratschläge in diesem Buch zu Rate ziehen, dann ist es nur eine Frage der Zeit, bis sie ansehnliche Ergebnisse erzielen.

Denken Sie immer daran: Schützen Sie Ihre Kinder und „verstecken" Sie diese Bilder und Videos, wenn Ihr Kind auch an Ihrem Rechner sitzt. Benutzen Sie im Firefox den **Privaten Modus** oder installieren Sie sich einen **portablen Firefox** auf einem USB-Stick. Diesen finden Sie unter

http://portableapps.com/de

Inhaltsverzeichnis

20 Jahre, lebenslänglich
Misshandelt! Missbraucht! Missraten?
Erinnerungen eines Heimkindes...

Was machen 20 Jahre Heim mit einem Menschen? Was machen sie aus einem Menschen? Der Autor Gerd Höller versucht in seiner Biografie genau das zu beschreiben. Er geht dabei offen und schonungslos auf die ersten 20 Jahre seines Lebens ein. 20 Jahre, die geprägt waren von prügelnden Nonnen, pädophilen Priestern, Stiefbrüdern, die das Wort "Bruderliebe" zu wörtlich nahmen, einer Mutter, die sich um nichts kümmerte und Jugendamtmitarbeiter, die einfach wegsahen. 20 Jahre, geprägt von körperlicher und seelischer Gewalt, sexuellem Missbrauch, Lieblosigkeit, Hunger und schwerer Vernachlässigung.

Broschiert: 324 Seiten
Verlag: Books on Demand
ISBN-10:   3842383185
ISBN-13:   978-3842383180

Der christliche Atheist

Es hat viele Jahre gedauert, bis ich mich entschloss, aus der katholischen Kirche auszutreten. Doch nach diesem, für mich notwendigen Schritt, hatte ich monatelang ein schlechtes Gewissen. Warum das so war und wie es mir heute geht, das kannst Du in diesem kleinen Buch nachlesen.

Taschenbuch: 180 Seiten
Verlag: Books on Demand
ISBN-10:   3842367376
ISBN-13:   978-3842367371

Entlassen

Sechs Wochen hatte ich mir Zeit genommen und wollte mir in einer "Psychosomatischen Klinik" helfen lassen. Daraus wurden neun Tage, dann wurde ich rausgeworfen. Was ich in dieser lieblosen Beton-Bettenburg erlebt habe, von unfähigen Therapeuten, unsinnigen Therapieplänen und in meinen Augen unmenschlichen Bedingungen und Begleiterscheinungen handelt dieses Buch.

Taschenbuch:	96 Seiten
Verlag:	Books on Demand
ISBN-10:	3732234800
ISBN-13:	978-3732234806

Printed in Poland
by Amazon Fulfillment
Poland Sp. z o.o., Wrocław

31576411R00060